Ebimanyererio bi'Abagusii

Totems of Abagusii

First Edition: January, 2024

Published by: Nsemia Inc. Publishers
(www.nsemia.com)

Editor: Publisher
Cover Concept: Publisher
Cover Illustration: Publisher
Cover Design: Linda Kiboma
Layout Design: Bethsheba Nyabuto

Note for Librarians:
A cataloguing record for this book is available from Kenya National Library Services

ISBN: 978-9966-082-97-8

Goaka Buya Mono

Ase egeka egetambe, korua 2015, twabeire tokorika *Echemini y'Ekegusii* ebwate obosemia obonge igoro ya Gusii n'Abagusii. Nigo togoakera omosike Nemwel Mogere Atemba buya mono ase ogotosuma ekerengererio gi'okorika *Echemini y'Ekegusii*.

Omwaka o'2017 togasokia echemini yabwate ebimanyererio bi'echinyomba chia Gusii, buna bare gotiana n'ase ogotimia ebitinge ase chinyangi chiabo. Abanto abange bakayiancha mono. Ase igo tokanyora ekerengererio gi'okobeka amang'ana ayio ime y'egetabu.

Nigo togoaka buya mono ase abasike Nemwel Atemba na Samuel Ogeto Ariga ase emeremo emiya y'okorigia amang'ana y'ebimanyererio bi'echinyomba chia Gusii. Komenta nayio, Evans Getuma nere otoete obomanyi igoro y'ekemanyererio ki'Abanyakoni ba Bogirango Rogoro. Mbuya mono. Komenta nabwo, twaakeire abasomi bonsi baria babwate erang'o y'ogotaka komanya igoro ya Gusii na abanto ba Gusii. Mbuya mono.

Acknowledgement

Since 2015, we have been publishing calendars with information about Gusii and the people of Gusii. The idea of publishing Ekegusii Calendar was floated by Nemwel Mogere Atemba.

In 2017, our calendar was titled *Totems of Abagusii*. It turned out to be one of the most popular calendars that we had ever published. As more and more people came forth seeking the same, we sought to release the content in something more formal: a book.

We are grateful to Nemwel Atemba and Samuel Ogeto Ariga for doing the initial research on totems. Evans Getuma gave us information on the totem of Abanyakoni of North Mugirango for which we are grateful. We also thank the greater public for their positive reception of the release of the initial content. The feedback gave us the idea to repackage the content into a book.

Table of Contents

Goaka Buya Mono iii

Acknowledgement iv

Igoro y'Ebimanyererio vi

Regarding Totems 1

Ebimanyererio bi'Abagusii 2

Totems of Abagusii........................ 3

Mouru Mobasi 4

Mosweta Oibabe 8

Mochorwa.................................... 12

Monchari..................................... 16

Mokeira 20

Abanyakoni ba Bogirango Rogoro 24

Igoro y'Ebimanyererio

Aase obagare, ekemanyererio ki'abanto gete n'eng'iti gose omote orengete abanto abwo mono kobwatia aase barwete nabiria baroche bare kwegena buna 'mbiabakonyete, ekagera bakamenya na kogendera koba moyo. Abanto abwo nabo barabe ab'omochie oyomo, ab'enyomba eyemo gose ab'ororeria oromo.

Ebimanyererio nigo bire bi'eching'encho ao ao ase abanto ao ao. N'enchera eyemo abanto b'ororeria oromo bakomanyana na kwemanyia ase abanto bande. Ase abanto bande n'enchera y'ogwetogia. N'abande begena buna n'enchera eyemo y'okobeka okwegena ase chinkoro chi'abanto. Ebimanyererio nigo bigokonya abanto koinyora ing'ai barwete nechimbwa chiabo.

Komenta nayio, ekero ki'ogotimia ebitinge ase enyangi, ekemanyererio nakio kiare gwatorwa koarigania omosubati gocha nyomba.

Buna 'banto bande bonsi bamenyete ense eye, Abagusii 'mbabwate ebimanyererio biabo bikworokia buna barabwo ning'o, 'nki begenete naende inaki banyorete ebibanyererio ebio.

Egetabu eke 'nkebwate ebinyarerio ao ao bi'echinyomba chia Gusii komenta buna banyorete ebimanyererio ebio. Eye n'enchera eyemo yokoegerera chingencho chi'Abagusii.

Regarding Totems

Broadly speaking, totems are usually animals or plants that serve as a symbol for a group of people concerning their past. The group can be a tribe, clan, ancestry or some other such.

Throughout the world, totems are used variously, including linking people with each other and defining the relationships among many people or groups of people. They can represent the connection between people and the spiritual world. Further, totems help people preserve their culture and history.

In addition, in a traditional wedding ceremonry, the bridegroom had to swear vide his totem in the process of welcoming the bride home.

Like many ethnic groups across the world, Abagusii have totems that underlie the key issue of identity (lineage), their associated beliefs and how they came to adopt the respective totems.

In this book, we present these totems, their origins and their significance to the various clans of Gusii. It is presented as one way of preserving Gusii-related indigenous culture.

Ebimanyererio bi'Abagusii

Abagusii nigo bare abanto b'egesaku kia *Bantu*. Mogusii, esokoro enene y'Abagusii, nigo ebagete **Gwea Nyakebagancha**. Ase abana baye, baria bamanyire na abamura batano, omosubati oyomo. Abanto aba baye nigo bamanyire na amarieta bare kwebaka. Amarieta akaba ebimanyererio biabo birengete bi'eching'iti gete chi'orosana chiabakonyete ao ao ekero bare kong'anya ng'anya bakorigia obomenyo.

Manya Iga:

Chinyomba 'nchireo chinyinge chire emesabagero ao ao nachirochio 'nchibwate ebimanyerererio biabo. Titobegeti kera ekemo ki'ebimanyererio ebio aiga.

Manya buna aya n'amang'ana aeteire ase abanto abange ase engaki y'emiaka emenge. Igo ande nare oranyore ataratoikera. Amang'ana are ime y'egetabu eke, nigo atukire ase oboagare.

Totems of Abagusii

Abagusii (also known as the Gusii or the people of Gusii) are part of the larger Bantu group. Mogusii, their ancestor, had a nickname: **Gwea Nyakebagancha.** Of his known children, there were five sons and one daughter. These, subsequently, gave rise to respective clans over the years. Most of these developed identities based on totems that are told in stories relating to their migration and encounters. Specifically, they relate to reported encounters with wild animals that are deemed to have saved their lives. This led the respective clans to revere the said animals and protected them at all costs.

Please note that:

Some clans do not have totems. There are also some sub clans with totems that have not been included here.

With the passage of time, the information passed down generations orally could have been distorted. However, in this short treatise, we provide that which we have gathered from varied sources who all seem to concur with what is presented herein.

Mouru Mobasi

ENCHAGE

Mouri Mobasi nere omomura omonene o'Mogusii. Ororeria rwaye narwo rw'abanto bare:

Bobasi Gusii (Abagetaorio, Abaitang'are na Abamasige), Bonyabassi (Bokuria-Kuria) na Mabasik (Bomet- Sigisi).

Ekemanyererio kiabo n'Enchage (Rigwari). Nigo bagwetogia iga:

Intwe n'Obasi o'Nchage. Omonto ogoita enchage gose koyeria, tacha minto g'akuname gesaku asabe mache. Takoegwa, ekiagera rirorio negesaku agosiria.

Igo egotebekana buna engaki eyemo Enchage nigo yabatoretie. Ekero Ababasi

Mouru Mobasi

Named Mouru at birth, the first son of Mogusii acquired the name Mobasi later in life. His descendants include:

Those in Bobasi in Gusii such as Abagetaorio, Abaitang'are and Abamasige. Others are the Banyabassi of Kuria and the Mabasik of the Kipsigis in Bomet.

Their totem is the zebra. They swear as follows:

We Obasi are of the zebra lineage. Should anyone harm a zebra, let him/ her not expect any favour from us. He/she will not get it. Doing so would spell doom for the entire clan.

Legend has it that the zebra saved Ababasi when it was being chased by a pride of lions. In this encounter, lions focused on chasing the zebra, otherwise, they would have mauled the entire Babasi entourage.

bare kogenda genda bakorigia endagera n'obomenyo, nigo banyorete enchage egotama korwa ase chindo (chisimba). Enchage kegotama chindo echio, chikayebwatia, otango 'nchiabariete Ababasi abwo baere.

ZEBRA

Mosweta

ENGOGE

Oyo abanto baye nigo bare chinyomba chikobwatia:

Osweta o'irianyi:	**A b a m a c h o g e (Abamachoge, Abakione, Abambaba, Abaochi)**
Osweta o'gati:	**Onyangore (Mobea, Nyakoni, Nyamoyio, Gesicho, Boto, Moriango, Monda na Ogeka)**
O s w e t a o'sugusu:	**Abagetutu (Nyakundi o'Getutu na abanto baye)**

Mosweta

Mosweta is the ancestor of the following clans:

Osweta of the South:	**A b a m a c h o g e (A b a m a c h o g e , Abakione, Abambaba, Abaochi)**
Osweta of the Middle:	**Onyangore (Mobea, Nyakoni, Nyamoyio, Gesicho Boto, Moriango, Monda and Ogeka), Oguche.**
Osweta of the North:	**Abagetutu (Nyakundi o'Getutu and his descendants).**
Osweta dispersed everywhere -	**Abasamaro (Nyagenge, Ochura); Abarangi; Abasigisa, Abarangi, Abasigisa, Okimotwe, Oguche, Oburia na Okona..**

Their totem is the chimpanzee. They swear as follows:

We Mosweta are of the chimpanzee lineage. Should anyone harm the chimpanzee, let him/her not expect any favour from us. He/she will not get it. Doing so would spell doom for the entire clan.

Osweta ore onsi: Abasamaro (Nyagenke, Ochura), Abarangi, Abasigisa, Okimotwe, Oguche, Oburia na Okona.

Ekemanyererio kiabo n'engoge. Igo bagwetogia iga:

Intwe 'Mosweta o'Ngoge. Omonto ogoita engoge gose koyeria, tacha minto g'akuname gesaku asabe mache. Takoegwa, ekiagera rirorio negesaku agosiria.

Nigo ekoganwa buna engoge nere yarenge ang'e n'omochie o'Oibabe o'Mogusii. Engoge eyio konye yanyorire omwana konye oitirwe. Engoge eyio egacha ekaimokia Mosweta kare ekeng'werere. Ekarina omote omotambe igoro mono, 'monto onde atare koyeikeria. Ekana kogonkia omwana oyio. Ng'ina omwana akaroisia endagera akayeretera. Akayesorora mono emoe omwana oye. Omoerio, engoge eyio egaika ng'ooora. Ekairania omwana oyio. Ekaria endagera eria ng'ina Mosweta ayeete. Onye ebwatoka omwana oyio korwa omote igoro, kango aakere inse, ateke omotwe egesaku ekio kia Mosweta gesire.

It is said that there was a chimpanzee that lived close to the home of Oibabe son of Mogusii. The Chimpanzee's baby had been killed. It came to the home and carried away the child Mosweta and climbed up a tree where no one could reach it. It continued suckling the child. The mother's child pleaded with the chimpanzee not to harm the child. She prepared some food and put it at the base of the tree. The chimpanzee descended safely and returned the child to the mother and readily partook of the food. Had the chimpanzee dropped the child while up in the tree, the child would have died. It did not!

CHIMPANZEE

Mochorwa

ENGO

Mochorwa (Mogirango) nigo baye bamanyire buna Mogirango-Onkangi , oria o'sugusu na Mogirango-Mabera o'irianyi:

Ochorwa Mabera:	Abagetenga, Abamware, Abanyaramba	Abasinange, Abaige,
Ochorwa Onkangi:	Keboye Abanyaiguba, Abamanyanya); (Abanyamatuta, Abakimori, Abanyarorande, Abagesumi),	(Abagichora, Abakiambori, Siamani Abagesinsi, Abombo,

Mochorwa

Abagirango are identified as Chorwa Mabera (South Mugirango) and Chorwa 'Nkangi (North Mugirango):

South Mugirango:	**Abagetenga, Abasinange, Abamware, Abaige, Abanyaramba;**
North Mugirango:	**Keboye (Abagichora, Abanyaiguba, Abakiambori, Abamanyanya); Siamani (Abanyamatuta, Abagesinsi, Abakimori, Abombo, Abanyarorande, Abagesumi), Abaisanga (Abakibaru, Abamorendi, Abanyagarani na Abagecho), Abakurati, Abamabacho na Abaengwe.**

Their totem is the Leopard. They swear as follows:

We are the Ogirango of the leopard lineage that slim animal that does not steal. Should anyone harm a leopard, let him/her not expect any favour from us. He/she will not get it. Doing so would be dooming the entire clan.

It is said that, once upon a time, a leopard came and bore offspring in the kraal in the home of Mochorwa. Ordinarily,

Abaisanga (Abakibaru, Abamorendi, Abanyagarani na Abagecho), Abakurati, Abamabacho na Abaengwe.

Ekemanyererio kiabo n'engo. Nigo bagwetogia iga:

Intwe n'Ogirango egesimba ekenyerere getari koiba. Omonto ogoita engo gose koyeria, tacha minto akuname gesaku asabe mache. Takoegwa, ekiagera rirorio negesaku agosiria.

Nigo egotebwa buna engo gete nigo yachete ekamenya bweri bwa Mochorwa na Motabori o'mwabo. Engo eyio, ekabeka chimanwa chiaye aroro. Bakagira koyeita na koyerenda. Engo eyio ekaba omosani obo ekabarenda nonya nechingo chinde tichiare kobaibera, na babisa babo tibare goika ang'e.

they would have killed it and its young, but they did not. It became very friendly to them and even started protecting them from other leopards and raiders. Hence they are referred to as those who do not kill a leopard.

LEOPARD

Monchari

ENGUBO

Monchari mosubati o'Mogusii nigo asogete Bogere. Magega yaye akairana gocha sobo komenya ase abanto bamwabo aaria inani ria Nyagoe. Nere ng'ina:

Abanchari bare Gusii (Bonyando, Bomariba, Bogiakumu, Bomwanda, Bomorenda, Bogitaa, Bomachabe, Boiyeki, Bomokora, Bonyaikoma na Bokeire) na baria bare Bogere (Nyanda, Chwonyo na Nyamwa).

Monchari

Monchari was the daughter of Mogusii. Folklore has it that she was initially married in Luoland but later returned to live with her brothers at Nyagoe Forest (*inani*). Her descendants include:

In Gusii: Abanchari (Bonyando, Bomariba, Bogiakumu, Bomwanda, Bomorenda, Bogitaa, Bomachabe, Boiyeki, Bomokora, Bonyaikoma na Bokeire); Luoland: Nyanda, Chwonyo and Nyamwa.

Their totem is a Hippo. They swear as follows:

We are Onchari of deep, cold waters. Should anyone harm the hippopotamus, let him/her not expect any favour from us. He/she will not get it. Doing so would be dooming the entire clan.

It is said that as Monchari was returning to Gusii, with her enemies in hot pursuit, she came across a herd of hippos which let her pass without a fuss. However, the hippos fiercely attacked her pursuers preventing them from capturing her and her children.

Ekemanyererio kiabo n'engubo. Nigo bagwetogia iga:

Intwe n'Onchari o'mache 'ndiba chibokendu. Omonto ogoita engubo gose koyeria, tacha minto akuname gesaku asabe mache. Takoegwa, ekiagera rirorio negesaku agosiria.

Nigo egotebwa buna ekero Monchari are koirana gocha Gusii korua Bogere, nigo aetete ase riicho ri'echingubo kare na abana baye. Chingubo echio chikabatiga bagaeta. Korende ekero baria bare kobaminyokia bachia goika abwo, chingubo chiria chikabarundekera na kobatacha tacha na kobasamununia. Bagekiora bagatama. bagatiga kobwatia Monchari n'abana baye.

HIPPOPOTAMUS

Mokeira

ENCHOGU

Mokeira

Mokeira was a granddaughter of Mogusii and through his second wife. She is the ancestor of the Abakeira in Kisii and the Abakiira of Kuria.

Their totem is an elephant. They swear as follows:

> *We Abakeira are linked to the great elephant, which "provides free food". We drink water using our hands as if we have no mouths. Should anyone harm an elephant, let him/her not expect any favour from us. He/she will not get it. Doing so would doom the entire clan.*

It is said that at one time, food was scarce in Gusii. The people had no seed for planting. Mokeira, going about her business in the forested area, happened to follow an elephant trail. She found a place with healthy finger millet (*wimbi*) and sorghum that had grown out of elephant dung dumped there the previous year. Excited, she tended the crops that thrived to a bounty harvest and averted hunger and potential starvation. She continued to do that every year, thus avoiding hunger and possible starvation.

Mokeira nigo arenge omochokoro o'Mogusii goetera ase Nyamesancho o'Mogusii. Nere ng'ina **Abakeira ba Gusii** na **Abakiira (Abakeire)** baria bare Bokuria.

Ekemanyererio kiaye n'enchogu. Nigo bagwetogia iga:

> *Intwe n'Okeira Oonge, chinchogu nechiberia, nigo tokonywera koboko mache buna monwa oborire. Omonto ogoita enchogu gose koyeria, tacha minto g'akuname gesaku asabe mache. Takoegwa, ekiagera rirorio negesaku agosiria.*

Nigo ekoganwa buna engaki eyemo y'enchara enene Gusii, Mokeira nigo aboretwe embusuro y'obori y'okobusura. Akagenda rinani akanyora aase chinchogu chiamenyete mwako (omwaka konye oetire). Akanyora buna ase chiare kobeka esike, obori na amaemba biamerire. Akaagera ebimeri ebio rioka na kogesa endagera enyinge y'ogokumia. Akagenderera gokora igo kera omwaka akaba n'omoigoto.

ELEPHANT

Abanyakoni ba Bogirango Rogoro[3]

CHINSETWA

Abanyakone igo bare ororeria rwa Mosweta babwate ekemanyererio k'engoge. Korende baria banyete Bogirango Rogoro (as Chorwa Nkangi) mbabwate ekemanyererio kende: Ensetwa.

Nigo egotebwa buna engaki eyemo kabakong'anyang'anya, Abanyakoni nigo baumerete Abasigisi batagete

---

3 Ekemanyererio eke nigo twakenyora goetera egetabi gekorokwa *The Song of a Blacksmith and Totems of Abagusii* kerikire na Evans Getuma.

Abanyakoni of North Mugirango[4]

Note that Abanyakoni live predominantly in two places: in Nyaribari and North Mugirango; they are of Mosweta lineage and their totem is the Chimpanzee.

It is further said that the split came when they were being pursued by warriors from an enemy ethnic group and dispersed in different directions. As those of North Mugirango were being chased through the forested land, they hid under bushes to take a breath. Mousee birds were perched in the same bushes but the birds did not flinch even as the enemy warriors searched around and could not see any signs of people. By the birds remaining silent, they saved the lives of that group of Abanyakoni.

> *We Osweta Monyakoni do not eat the mouse bird. Should anyone harm a mouse bird, let him/her not expect any favour from us. He/she will not get it. Doing so would doom the entire clan.*

---

4 This totem is presented here courtesy of the book *The Song of a Blacksmith and Totems of Abagusii* by Evans Getuma.

kobaita. Abamo bagatama gochia aamo n'abande bagatama gochia ensemo ende. Kabagotama, baria bachiete Bogirango Rogoro, bakanyore barosire. Bagekanya aase ebitutu kooyera. Ase ebitutu ebio, chinsetwa inchiarenge o korende tichiabugia nonya. Ekero ababisa bagoika ao, ense nigo yakirete kiri. Ababisa abwo bakairana. Bono Abanyakoni bakabora buna, onye that chinsetwa chiria, otango baitwe bakwe bonsi! Igo bagotiana iga"

Intwe n'Osweta Omonyakoni, titokoria ensetwa. Ensetwa 'monto one. Oria ogoita ensetwa tacha minto g'akuname gesaku asabe mache. Takoegwa, ekiagera rirorio negesaku agosiria.

MOUSE BIRDS